SV

Jorge Semprun
Blick auf
Deutschlands Zukunft

Sonderdruck
edition suhrkamp

Jorge Semprun
Blick auf
Deutschlands Zukunft

Rede zur Entgegennahme
des Weimar-Preises
der Stadt Weimar
am Tag der Deutschen Einheit
3. Oktober 1995

Mit der Laudatio von
Volkhard Knigge

Suhrkamp

edition suhrkamp
Sonderdruck
Erste Auflage 1995
© der deutschen Übersetzung von Jorge Semprun
Suhrkamp Verlag Frankfurt am Main 1995
Erstausgabe
Alle Rechte vorbehalten, insbesondere das
des öffentlichen Vortrags
sowie der Übertragung durch Rundfunk und Fernsehen,
auch einzelner Teile.
Satz: Hümmer GmbH, Waldbüttelbrunn
Druck: Nomos Verlagsgesellschaft, Baden-Baden
Umschlagentwurf: Willy Fleckhaus
Printed in Germany

1 2 3 4 5 6 – ∞ 99 98 97 96 95

Inhalt

Jorge Semprun
Blick auf Deutschlands Zukunft

Ich möchte, bevor ich einige Worte über meine
Beziehung zu Ihrer Stadt sage, zunächst dem
Oberbürgermeister von Weimar und den Stadt-
räten von Weimar für den Preis, den man mir
soeben verliehen hat, danken und hinzufügen,
daß von allen Preisen und Auszeichnungen, die
ich im Laufe meines Lebens erhalten habe, dieser Weimar-Preis mir eine besondere Freude be-
reitet und mich besonders bewegt.

Während ich Ihnen also meinen Dank aus-
spreche, möchte ich zugleich kurz beschreiben,
was mich mit Ihrer Stadt verbindet, mit dem,
was ihre ruhmreiche Vergangenheit ausmacht,
wie mit dem, was voraussichtlich ihre Zukunft
sein wird: eine faszinierende Zukunft.

Als ich zum ersten Mal durch die Straßen von
Weimar ging – einige von Ihnen werden es wahrscheinlich schon wissen, weil sie mein letztes
Buch, *Schreiben oder Leben*, gelesen haben –,
war es April 1945. Die Stadt schien verlas-
sen, war vermutlich benommen und betroffen

von der Niederlage, gestraft von Bombenangriffen.

Ich kam nicht von weit her, damals. Ich kam aus der Lichtung eines Buchenwaldhains vom Ettersberg, wo die Baracken eines Konzentrationslagers standen. Und dieses Lager hat unter zwei Regimen – radikal·verschieden in der Verkündigung ihrer ideologischen Prinzipien und Ziele, hinsichtlich ihrer objektiven Ergebnisse jedoch von bestürzend trauriger Vergleichbarkeit – ja, dieses Lager hat die Kontinuität eines Unrechts- und Unterdrückungssystems in Ihrer unmittelbaren Umgebung bedeutet.

Ich kam also von Buchenwald, dem Gegenpol, dem krassen Gegensatz zu dem, was die Realität Weimars ist; die düstere, aber nicht mehr ablösbare Kehrseite der Medaille klassischer Klarheit, die zur Tradition dieser Stadt wesentlich gehört. Buchenwald: das ist die historische Gestalt des radikal Bösen, dessen, was das aufgeklärte Denken in Weimar immer bekämpft hat, von Goethes Zeiten an bis zur demokratischen Republik – der Weimarer Republik –, die vom barbarischen Toben des Hitlerregimes vernichtet wurde.

Von jenem ersten Spaziergang durch Weimar

mit Leutnant Rosenfeld – einem amerikanischen Offizier deutsch-jüdischer Herkunft – ist mir vor allem eine Erinnerung lebendig im Gedächtnis geblieben: die Betrachtung von Goethes Gartenhaus am Ufer der Ilm.

Seitdem ich 1992 erstmals nach Weimar zurückgekehrt bin – also nach mehreren Jahrzehnten, in denen die historisch-politischen Umstände mir eine angemessene, moralisch annehmbare Rückkehr unmöglich gemacht hatten –, habe ich mir immer einige Minuten Zeit genommen, um zu jener kleinen Brücke über die Ilm zu gehen. Es waren Minuten, die ich dem Lärm und der Hast des Lebens stahl, um an diesem symbolischen Ort der europäischen Kulturgeschichte allein und in Ruhe meditieren zu können.

Ich weiß, das braucht mir niemand zu sagen, daß Goethes Humanismus heute kritisch überprüft werden muß. Ich weiß, daß einige seiner Postulate jetzt nicht mehr annehmbar sind, da in einer Epoche entstanden, in der die Aufklärung der gesellschaftlichen Eliten besser mit dem Despotismus vereinbar war als mit den plebejischen Gestalten der demokratischen Vernunft. Dennoch war die Geringschätzung des Goethischen Humanismus als solchen, philosophisch verstanden, schon immer verdächtig und ist es auch weiterhin.

Ohne dieses Thema jetzt vertiefen zu wollen, da wir dann eine alte deutsche Debatte wieder-aufgreifen müßten, möchte ich nur sagen, daß im Goethischen Humanismus, auch nach kriti-scher und strenger Überprüfung, einige höchst aktuelle Werte Fortbestand haben. Fortbestand haben das Mißtrauen, ja die Verachtung gegen-über den Exzessen des Nationalismus.

Fortbestand hat eine Vision von Europa, und von der deutschen Nation in Europa, die zum einen die innere Notwendigkeit des Pluralismus und zum anderen die ideale Eingliederung in den universalistischen Kosmopolitismus be-tont. All das sind Werte, die wir in dieser Phase des Aufbaus Europas, nach dem Zusammen-bruch des sowjetischen Imperiums, verteidigen und aktualisieren müssen.

An diesem privilegierten Ort der Meditation, vor Goethes Gartenhaus, sind die Ideen und Gefühle meiner ja schon alten Beziehung zu Deutschland herangereift und haben ihre letz-ten Nuancen gewonnen, ihre klaren Konturen gefunden.

Es ist natürlich kein Zufall, daß dies im Laufe dieses Jahres 1995 geschah, dem Jahr des fünfzigjährigen Gedenkens an das Kriegsende: In Deutschland Jahrestag einer militärischen Niederlage und einer politischen Befreiung. Einer Niederlage, die aufgrund der klaren Analyse ihrer historischen Ursachen eine tiefe und notwendig schmerzhafte Trauerarbeit nach sich zog, da die Schuldfrage im Vordergrund stand. Einer politischen Befreiung, andererseits, die vor 50 Jahren, 1945, einen Prozeß des demokratischen Wiederaufbaus in Gang setzte, der erst mit der Vereinigung Deutschlands seinen Abschluß gefunden hat.

Ich weiß, daß es nicht schwer ist, post festum und abstrakt auf die Voraussetzungen und Perspektiven einer Epoche zu verweisen, deren historische Bewegung sich heute zugleich erschöpft und erneuert. Aber in der dichten und oft undurchsichtigen Realität des Politischen und des Sozialen war es auch für die aktivsten Schichten der deutschen Gesellschaft, insbesondere für die intellektuelle und arbeitende Jugend, weder leicht noch offenkundig, zwischen den kurzfristig oft widersprüchlichen Herausforderungen der eigentlichen Trauerarbeit und einer demokratischen Strategie, die nicht die Augen vor dem stalinistischen Totalitarismus verschloß, die Orientierung zu finden.

Der radikale Extremismus der pazifistischen Massenbewegungen, diese Kinderkrankheit des Linksextremismus, war sicher viele Jahre lang der Preis, der für diesen ungelösten Widerspruch gezahlt werden mußte, obwohl er andererseits auch ein unmißverständlicher Ausdruck der Vitalität der deutschen Zivilgesellschaft war.

Wie dem auch sei: Im Laufe dieses Jahres, mit den vielen Gedenkfeiern und Debatten, hat meine alte Beziehung zu Ihrem Land und Ihrer Kultur emotional und intellektuell ihre endgültige Gestalt gefunden. Eine Beziehung, in der Weimar, aus offenkundigen biographischen Gründen, einen bevorzugten Platz einnimmt. Und in Weimar, ich wiederhole es, jener privilegierte Ort für die Meditation und die Erinnerung: die kleine Brücke über der Ilm, von wo aus man die bescheidene Gelassenheit von Goethes Gartenhaus betrachten kann.

Deshalb habe ich keinen Augenblick gezögert, Anfang dieses Jahres das Angebot von Klaus Michael Grüber anzunehmen: ein Theaterstück zu schreiben, das Deutschlands Vergangenheit vor einem so besonderen Szenarium wie dem sowjetischen Militärfriedhof von Belvedere vergegenwärtigt – obwohl ich um die Schwierigkeiten und Risiken eines solchen Versuchs wußte. Ich habe auch keinen Augenblick gezögert, als es um den Titel dieses dramatischen Textes ging. Bevor ich auch nur eine einzige Zeile geschrieben hatte, wußte ich, wie der Titel lauten mußte, und auch Grüber hat dies sogleich verstanden und akzeptiert: *Bleiche Mutter, zarte Schwester.*

Der erste Teil des Titels stammt, wie jeder weiß, aus einem Gedicht von Bertolt Brecht. Und der zweite Teil rührt von meinem leidenschaftlichen Interesse für die Figur von Carola Neher, und auch er hat mit Brecht zu tun, brachte er mich doch mit einem kleinen Gedicht aus den dreißiger Jahren auf die Fährte dieser unglaublich schönen und intelligenten Schauspielerin, in deren Schicksal sich das einer ganzen deutschen Generation in dramatischer Weise spiegelt.

Vielleicht sogar das von Deutschland. *Bleiche Mutter:* das Schicksal des deutschen Volkes im Strudel dieses faszinierenden und blutigen Jahrhunderts.

Carola Neher, eine der besten Schauspielerinnen der zwanziger Jahre, die auf allen wichtigen deutschen Bühnen Hauptrollen spielte, verläßt ihre Heimat, als die Nazis die Macht ergreifen. 1934 wird ihr die deutsche Staatsbürgerschaft aberkannt. Im selben Jahr wird in Moskau der Sohn geboren, dessen Vater ein Kommunist und wie sie in die Sowjetunion geflüchtet ist. Zwei Jahre später werden beide verhaftet: während einer der großen Säuberungen, die Stalins Geheimpolizei in den Kreisen der deutschen Emigranten vornahm. Eine Säuberung, die zugleich nur mit der Komplizenschaft der Gruppe um den damals schon allmächtigen Walter Ulbricht durchgeführt werden konnte. Becker, der Gefährte von Carola Neher, wird als trotzkistischer Spion hingerichtet. Sie wird zu zehn Jahren Straflager verurteilt und verschwindet in den finsteren Tiefen des GULAG.

Zarte Schwester: ich dachte nicht nur an Carola Neher, als ich diesen Ausdruck wählte. Ich dachte an Deutschland, besser gesagt, an seine konkrete, fleischliche Gestalt, an seine Verkörperung in so vielen realen Personen, Männer und Frauen verschiedenen Alters, mit denen mich ein Gefühl tiefer Brüderlichkeit verbindet.

Sie werden schon gemerkt haben, daß ich mich in Ihre Familie einführe: in die deutsche Familie. Wie der verlorene Sohn nach Hause zurückkehrt, so scheint dieser heimatlose Spanier, der ich doch immer noch bin und der sich eine seiner Heimstätten in der französischen Sprache schuf, schließlich auch seinen ursprünglichen Ort gefunden zu haben, zumindest einen von ihnen: eine seiner tiefsten Wurzeln liegt an den Ufern der Ilm, auf diesem Stück grüner Wiese zwischen den Bäumen, wo Goethes Gartenhaus steht. So als hätte die fürchterliche Unheimlichkeit von Buchenwald erlebt werden müssen, um in das Heim einer anspruchsvollen und zutiefst empfundenen Brüderlichkeit zurückkehren zu können.

Deutschland, bleiche Mutter, zarte Schwester: Nie werde ich Klaus Michael Grüber ausreichend danken können, daß er mich um diesen dramatischen Versuch bat, noch Bernd Kaufmann, den Präsidenten der Stiftung Weimarer Klassik, dem es gelang, dieses Projekt Wirklichkeit werden zu lassen.

Die Erinnerung an Carola Neher, das Beschwören ihres tragischen Schicksals – sie, ein Opfer der beiden Totalitarismen, die das Europa dieses Jahrhunderts verwüstet haben – führen unweigerlich zu einer Reflexion über Deutschland.

Ist es möglich, ist es überhaupt angemessen, daß ich diese Überlegung vor Ihnen anzustellen versuche, auch wenn es mit Ihnen gemeinsam geschieht? Ich, letztlich ein Ausländer, auch wenn Sie mir durch die Verleihung des Weimar-Preises die Möglichkeit und sogar die Verantwortung gegeben haben, hier und heute vor Ihnen zu sprechen?

Abgesehen von Ihrer Großzügigkeit fallen mir einige Gründe ein, die es möglich, sogar plausibel machen, daß ich Ihnen in Form einer Synthese – vielleicht schematisch und ganz sicher nur annäherungsweise – meine Überlegungen zur gegenwärtigen Situation Deutschlands mitteile – in diesem Jahr des fünfzigjährigen Gedenkens an die Niederlage des Nationalsozialismus und die politische Befreiung Ihres Landes, zumindest ihrer Anfänge. An diesem Tag der Deutschen Einheit, der deutschen Wiedervereinigung, mit der eben dieser historische Proeß seinen Abschluß gefunden hat, der vor einem halben Jahrhundert begann und so lange erschwert und verzögert wurde durch die Ihrem

Land vom weltumspannenden Antagonismus der beiden atomaren Supermächte auferlegte Teilung.

Der wichtigste Grund liegt darin, daß ich ein ehemaliger Häftling von Buchenwald bin. Manchmal, wenn man mich fragt, wer ich wirklich bin, Franzose oder Spanier, Schriftsteller oder Politiker, gebe ich zur Antwort – und das erste Mal geschah dies mit kategorischer Spontaneität: mit einem Aufschrei des Herzens –, daß ich zunächst und vor allem, oder vor allem anderen, ehemaliger Häftling von Buchenwald bin. Das ist das Erste, Ursprünglichste, das, was am meisten in die Tiefe reicht und meine Identität am meisten prägt. Das aber schafft keinen Abstand zu Ihnen, stellt mich Ihnen nicht gegenüber, obwohl eine erste oberflächliche Analyse diesen Anschein erwecken könnte. Ein Opfer des Naziregimes gewesen zu sein, weiterhin ein Überlebender von Buchenwald zu sein erlaubt es mir, Sie besser zu verstehen, und gestattet mir, mich moralisch und kulturell mit Ihren Problemen zu identifizieren.

Das deutsche Volk war nämlich das Hauptopfer des Nationalsozialismus. Natürlich hat Hitlers rassischer Imperialismus Krieg und Verheerung, Unterdrückung und ethnische Säuberung über die Landesgrenzen hinaus getragen, über die gesamte Geographie Europas. Man muß das nicht weiter betonen, es ist mehr als bekannt. Aber sein erstes Opfer war das deutsche Volk. Ich denke hier nicht nur an die Tausende von deutschen Häftlingen und Toten aus den Gefängnissen und den Konzentrationslagern. Auch die Mitläufer, die Gleichgültigen, jene, die die NSDAP gewählt haben, solange es noch freie Wahlen gab: sogar diese Deutschen, ohne Zweifel die Mehrheit, waren Opfer des Hitlerregimes. Und ich denke hier auch nicht nur an jene, die an den Fronten eines ungerechten, kriminellen Angriffskrieges fielen oder in der Nachhut bombardiert wurden; nicht einmal nur an die Leiden der Hunderttausende von deutschen Kriegsgefangenen, sei es in Rußland oder Frankreich. Auch jene, die nicht die direkten Folgen des Krieges erlitten, waren Opfer des Nationalsozialismus. Denn er hat die Geschichte Deutschlands aus ihrem – trotz der Krisen der Nachkriegszeit – möglichen demokratischen Lauf gerissen; er hat die krebsartige Geschwulst der Barbarei in die deutsche Gesellschaft eingepflanzt; er hat einen Horizont gezogen, dessen historisches Gewicht weiter auf den neuen Generationen lastet und sie zu einer endlosen historischen Kritik zwingt. Infolge all dessen hat der Nationalsozialismus seine unheilvollen Wirkungen vor allem in Deutschland gezeitigt.

Ich gebe nur ein Beispiel von dem, was ich betonen möchte.

Die Ausrottung des jüdischen Volkes ist ohne Zweifel das grauenvollste, entsetzlichste Merkmal der Nazi-Barbarei. Ein spezifisches Merkmal, andererseits, das den Hitlerschen Totalitarismus von allen anderen vergleichbaren politischen und staatlichen Formen unterscheidet, denn das System der Einheitspartei, der Polizeiterror, das monolithisch korrekte Denken, die Unterwerfung aller Aspekte des gesellschaftlichen Lebens unter die Herrschaft der Ideologie usw. usw. sind Züge, die dem Naziregime und dem Stalinismus gemeinsam sind. Obwohl die Zahl der Todesopfer des GULAG insgesamt die der Toten in allen möglichen Nazilagern übertrifft, ist die »Endlösung« der jüdischen Frage in Deutschland mittels Massenvernichtung, nach der Wannseer Konferenz, jedoch etwas Einzigartiges in der Geschichte der

Menschheit. Und dies, obwohl die Menschheit durchaus zahllose andere Verfolgungen und Massaker kennt. Keine aber hatte diesen systematischen, rationalen, ja industriellen Charakter. Das stellt in der Tat einen qualitativen Sprung in der Bürokratisierung des kollektiven Verbrechens dar.

Diese Ausrottung, in der Hunderttausende von Juden aus ganz Europa vergast und in Rauch verwandelt wurden, der aus den Öfen der Krematorien aufstieg, begann mit der Unterdrükkung der jüdischen Gemeinde Deutschlands, die dezimiert, in die Diaspora vertrieben, aus dem politischen und kulturellen Leben praktisch ausgeschlossen wurde. Und das bedeutete eine ernsthafte Verschlechterung dieses Lebens, eine Verstümmelung mit weitreichenden Konsequenzen. Der Untergang der deutschsprachigen jüdischen Intelligenz, die in den demokratischen, pluralistischen Aufbau der Weimarer Republik eingebunden war, stellt einen Verlust dar, dessen verheerende negative Folgen nur schwer einzuschätzen sind. Heute jedenfalls, da Ihr Land vor allem seine Befähigung zur europäischen Vision verstärken muß, ist der Verlust der jüdisch-deutschen Intelligenz mehr als beklagenswert. Die Stimme des alten Edmund Husserl – bereits von der deutschen Universität vertrieben, bereits von Martin Heidegger aus seiner Widmung von *Sein und Zeit* gestrichen –, ja Husserls Stimme weist bereits, als er 1935 in Wien und Prag über die Zukunft Europas spricht, auf das Schweigen von heute hin, betont das, was uns fehlt, was wir vermissen. Das, was Deutschland und Europa fehlt; das, was Europa und Deutschland vermissen mögen, mit der Vernichtung und Vertreibung des deutsch-jüdischen Geistes.

Wenn die Tatsache, Überlebender von Buchenwald zu sein, es mir erlaubt, mich heute, an diesem Tag der Deutschen Einheit, an Sie zu wenden, welches ist dann das hauptsächliche Anliegen, das ich Ihnen übermitteln möchte?

Ich möchte als erstes einer Tatsache Nachdruck verleihen, auf die ich bereits angespielt habe. Die Vereinigung Deutschlands ist die Vollendung eines historischen Prozesses, der mit der Niederlage des Naziregimes seinen Anfang nahm, dann aber durch den Antagonismus der beiden Supermächte und der darin beschlossenen Möglichkeit eines Nuklearkrieges erschwert und verzögert wurde. 1918 war, bedingt durch das Kräftespiel der europäischen Mächte im Gefolge der Niederlage des zaristischen Reiches und insbesondere der Schwäche der jungen Sowjetrepublik, trotz einiger Grenzverschiebungen die Integrität und Einheit des deutschen Landes erhalten geblieben. Doch der Versailler Vertrag mit den darin festgeschriebenen Reparationszahlungen – die bereits Keynes in einem aufrüttelnden Buch angeprangert hatte – sowie die gesamte französische Bündnispolitik in Mitteleuropa destabilisierten die Wirtschaft und das politische Leben in Deutschland, vereitelten damit die Konsolidierung des demokratischen Systems der Weimarer Republik und gaben statt dessen den totalitären Extremismen neue Nahrung.

1945 hintertrieben das Kräfteverhältnis in Europa und die Existenz der Sowjetmacht die Bewahrung der deutschen Einheit. Dieses Kräfteverhältnis mußte sich erst grundlegend ändern, damit die friedliche und demokratische Vereinigung Ihres Landes zum Thema werden konnte. Die Politik der Alliierten, insbesondere Frankreichs, war nun hingegen eine gänzlich andere, was die Beziehung zu Deutschland betraf. Um es mit einem Bild auszudrücken: anstelle von Georges Clemenceau hatten wir Jean Monnet. Anstelle des dummen und arroganten Nationalismus des ersteren gab es die europäische Vision des letzteren, der gemeinsam mit anderen französischen Regierungsvertretern begriff, daß die deutsch-französische Aussöhnung der Schlüssel nicht nur für den Aufbau einer europäischen Gemeinschaft, sondern auch für einen künftigen Frieden war.

Innerhalb dieser objektiven, historischen Konstellation gab dann allerdings die Initiative des Volkes den Ausschlag, die Initiative und die Vorstellungskraft der DDR-Bürger: Ihre Initiative. Auf diesen Punkt sollte man Nachdruck legen, fehlt es doch nicht an Stimmen, die den Vereinigungsprozeß global kritisieren – wobei niemand bestreiten kann, daß sich dieser oder jener Aspekt, dieses oder jenes Phänomen, das sich aus dem Gesamtprozeß ableitet, kritisieren ließe. Allerdings sind die Globalkritiker geneigt, ihn als Einverleibung oder gar Annexion der alten DDR durch die Bundesrepublik darzustellen.

Ich möchte also auf diesem Punkt beharren: ohne den massiven, massenhaften Willen, der sich in den Straßen der wichtigsten Städte der DDR Bahn brach, wäre die demokratische Vereinigung nicht möglich gewesen. »Wir sind das Volk«, schrien die Demonstranten, bis sie zum Schluß verkündeten: »Wir sind ein Volk!«

Natürlich war die Mobilisierung des Volkes in der DDR nicht vorausgesehen. Für die Experten, die Politiker, die Spezialisten einer bestimmten Ostpolitik – jedenfalls für die große Mehrzahl unter ihnen – war die deutsche Vereinigung eine Frage von Jahren, wenn nicht Jahrzehnten. Und in keinem Fall sollte sie sich mittels einer Revolution des Volkes vollziehen können, auch wenn diese friedlich verlief. Sie konnte nur das Ergebnis einer allgemeinen Entspannung, einer Entmilitarisierung oder vielleicht Neutralisierung Deutschlands sein, Ergebnis globaler Verhandlungen und mit Gegenleistungen verbunden, gewissen Konzessionen an die Sowjetunion, damit die neuen geostrategischen Gleichgewichte, die sich aus der Perestroika von Michael Gorbatschow ergeben hatten, gewahrt blieben.

Aber die Bewegungen des Volkes brauchen weder die geostrategischen Gleichgewichte noch diplomatische Abkommen zu respektieren. Das haben sie noch nie getan. Sie taten es nicht im kaiserlichen Deutschland, im November 1918. Sie taten es auch nicht, einundsiebzig Jahre später, im November 1989.

Sicherlich hatten einige der Kräfte – oder zumindest einige der Anführer der politischen, intellektuellen oder religiösen Kräfte –, die sich an die Spitze der massenhaften Demonstrationen der DDR stellten und ihnen die Richtung wiesen, die Absicht, die Existenz ihres Staates zu erhalten, und zwar in den Grenzen einer erneuerten und demokratisierten DDR. Einige dieser Führer entwickelten diese Strategie mit Blick darauf, die erwähnten Gleichgewichte nicht zu stören, eine militärische Intervention der Sowjetunion zu vermeiden, was auf wenig Klarheit und Scharfsinn in der Analyse der Prozesse deutet, die sich durch die Politik von Gorbatschow in der UdSSR Bahn gebrochen hatten. Ein Mangel an Klarheit, der andererseits nicht überraschend ist, sondern vor dem Fall des sowjetischen Systems eher üblich unter den westlichen Experten und Politikern der jüngsten Zeit. Leider vor allem üblich, das sei hinzugefügt, bei den Führern der traditionellen Linken.

Andere waren der Meinung, daß ein Staat im

Gebiet der erneuerten DDR notwendig wäre, um einige der Züge des Sozialsystems, die man für positiv hielt, zu bewahren. Abgesehen von einer gewissen intellektuellen Routine übte hier sicherlich ein traditionelles Mißtrauen der dogmatischen Linken gegenüber den Mechanismen der Marktwirtschaft seinen Einfluß aus.

Jedenfalls, die historische Aufgabe, die sich in den wundervollen Tagen der Revolution des Volkes im November 1989 stellte – also die Demokratisierung, der Aufbau eines Rechtsstaates, der politische und kulturelle Pluralismus, die sozialstaatliche Reform: verstanden als fortwährende Bewegung der Gerechtigkeit mit dem Ziel, die Dialektik zwischen den Mechanismen des Marktes, die immer nur Einzelinteressen verteidigen, und den Prinzipien des Allgemeinwohls zu regulieren –, alle diese Ziele der Revolution, deren Protagonisten die Bürgermassen waren, die Sie waren, lassen sich besser aufzeigen, erreichen und verteidigen in den Strukturen eines einzigen deutschen Staates, eines Bundesstaates, der in Übereinstimmung mit der Verschiedenheit seiner Länder um eine einzige demokratische Vernunft kreist.

Deutschland ist, wie man weiß (und wenn man es noch immer nicht weiß, erkläre ich es hiermit, damit es endlich bekannt wird), das europäische Land, das das Problem seines kollektiven Gedächtnisses am engagiertesten angegangen ist. Die Polemiken, die bei Ihnen, sei es zwischen Experten oder einfachen Bürgern, regelmäßig über diesen oder jenen Aspekt der jüngsten Geschichte Ihres Landes aufbrechen, sind ein guter Beweis für die Lebendigkeit Ihres kritischen Verstandes, für Ihre strengen Ansprüche in puncto ideologischer Klarheit und moralischer Stimmigkeit.

Heute aber, an diesem Tag der Deutschen Einheit, hier, in dieser Stadt Weimar, deren Name sich mit Licht und Schatten der deutschen Geschichte verbindet, nur wenige Meter entfernt vom grünen Ufer der Ilm, wo Goethes Gartenhaus steht, nur wenige Kilometer entfernt von der Gedenkstätte Buchenwald, die Dr. Volkhard Knigge mit so viel verständnisvoller Intelligenz leitet; hier und heute möchte ich Sie abschließend auffordern, ihren Blick auf die Zukunft Deutschlands zu lenken.

Nicht selten wird gegenwärtig bei der Analyse der Krisen, von denen die Institutionen der repräsentativen Demokratie zur Zeit heimgesucht werden, der Bezug zu den Krisen der dreißiger Jahre in Europa hergestellt. Natürlich gibt es mögliche Vergleichspunkte. Vor allem aber existieren radikale Unterschiede. Und von ihnen möchte ich nur einen fundamental wichtigen betonen.

In den dreißiger Jahren entwickelte sich Deutschland unaufhaltsam auf ein totalitäres System hin, das in der Folge die europäische Ordnung durch Aggression und Militärmacht destabilisiert hat.

Heute, und zum Teil als Folge der demokratischen Vereinigung, ist die deutsche Republik ein Stabilitätsfaktor in Europa, ein Gleichgewicht, sie stellt eine Gemeinschaft dar, die die neuen Probleme, wie zum Beispiel Gleichheit und Gerechtigkeit in einer Epoche technologischer und gesellschaftlicher Veränderungen funktionieren sollten, phantasievoll und konstruktiv angeht.

Für all das sage ich als ehemaliger Buchenwald-Häftling und als Europäer: danke.

Aus dem Spanischen von Michi Strausfeld

Volkhard Knigge*
Laudatio auf Jorge Semprun

»Man müßte ihnen den Rauch beschreiben: manchmal dicht, rußschwarz am veränderlichen Himmel. Oder leicht und grau, fast duftig, nach den Launen des Windes über den versammelten Lebenden schwebend, wie ein Vorzeichen, ein Abschied.« Wie leicht fiele es, eine Laudatio auf Jorge Semprun, den diesjährigen Weimar-Preisträger zu halten, wenn dieser Satz nicht zwischen ihm, dem Dichter, und Weimar, der Stadt Goethes und Schillers, stände. Beinahe reichte es dann, in der Art eines Registers von dieser Bühne herab zu vermerken, daß einem außerordentlichen Schriftsteller, daß einem bedeutenden Drehbuchautor und politischen Essayisten, daß einem ehemaligen Kulturminister und weitläufig gebildeten Intellektuellen, daß einem großen Europäer der Preis dieser Stadt verliehen wird, um keinen Zweifel daran zu lassen, daß

* Volkhard Knigge, Jorge Sempruns Laudator am 3. 10. 1995, ist Stiftungsdirektor der Gedenkstätten Buchenwald und Mittelbau-Dora.

heute einer geehrt wird, dem diese Ehre ganz und gar zukommt. Wie leicht fiele es, eine Laudatio auf Jorge Semprun, den diesjährigen Weimar-Preisträger, zu halten, wenn dieser Satz nicht die Erinnerung an einen Rauch festhielte, wie er tatsächlich über dieser Stadt geschwebt hat und vom Wind zerstreut worden ist. Wie leicht fiele es, eine Laudatio auf den diesjährigen Weimar-Preisträger Jorge Semprun zu halten, wenn dieser Rauch über dieser Stadt nicht auch sein Grab in den Wolken hätte sein sollen, sein Grab und das Grab seiner Worte, die nicht gesagt worden wären, und das Grab seiner Bücher, die er nicht hätte schreiben können, Grab hoch über einer Stadt, die tatenlos blieb angesichts der Errichtung des Konzentrationslagers auf dem Ettersberg, deren »kulturelle Elite« 1937 im Dünkel selbstgefälligen Traditionsbewußtseins nur dessen an Goethe erinnernden Namen – KZ Ettersberg – beklagte und wegwischte, die Stadt, die den Mördern bereitwillig trauliche Heimstadt wurde: »Lieber Hitler, komm heraus, aus dem Elefantenhaus.« Nein – Jorge Semprun heute in Weimar zu ehren kann nicht heißen, in feierlicher Form hervorzuheben, warum Jorge Semprun den Preis der Stadt Wei-

mar verdient hat, einen Preis, der ja jenen zuge-
dacht ist, die sich um diese Stadt verdient
gemacht haben. Zu sagen ist vielmehr, daß der
Stadt Weimar – und das heißt am Ende auch
Deutschland – Ehre zuteil wird dadurch, daß
Jorge Semprun diesen Preis annimmt, und zu
fragen ist, wie diese Ehre verdient werden kann.

Verdient werden kann diese Ehre – es klingt
banal, aber man muß es vor allem anderen sagen
in dieser Stadt, die mit den Denkmalen der
Dichter nur zu oft besser gelebt hat als mit den
lebenden Dichtern –; verdient werden kann diese Ehre durch das Lesen der Werke Jorge Sempruns und insbesondere durch das Lesen jener,
die auf Weimar und Buchenwald bezogen sind,
das heißt auf das Hier, das uns alle betrifft. Verdient werden kann diese Ehre – das aber ist das
Wesentliche – durch Lesen, das sich der Schönheit der Texte Jorge Sempruns öffnet als Inne-
werden der unmenschlichen Bürde, die Weimar
und Deutschland vor wenig mehr als einem halben Jahrhundert auf den Menschen Jorge Semprun geworfen haben, auf ihn wie auf alle in die
Konzentrations- und Vernichtungslager Ver-
schleppten und damit – um mit Karl Jaspers zu
sprechen – auf Menschheit als Realität und als

Begriff. In ihrer äußersten Schicht – aber so dürfte eigentlich nur ein Überlebender sprechen, jeder andere spricht in Gefahr der Verharmlosung – besteht die Bürde, der es innezuwerden gilt, aus dem Grauen der Lager und ihrem unermeßlichen Schrecken. Das Grauen erzeugt, den Schrecken zugefügt und viel zu lange geschwiegen zu haben – dies gälte es, ein für allemal und auf Mitmenschlichkeit hin dem kollektiven Gedächtnis der Stadt einzuprägen. Aber die Aufbürdung besteht nicht nur in dem Erlittenen, sondern zugleich – für den Überlebenden – im Problem von dessen Wiedergabe und Darstellbarkeit. Über diese Aufbürdung, die nichts weniger ist als allein eine der symbolischen Form oder der Repräsentation und die uns zudem im hellen Gewand der sprachlichen Brillanz Semprunscher Texte erscheint, in der kunstvollen Verflechtung von Erinnerung und Reflexion, in der virtuosen Handhabung von Rückblenden und Zeitsprüngen und in der in den Texten fortwährend präsenten Liebe des Autors zum Wort und zum Poetischen überhaupt, aber auch zum Leben mit seinen Lauten, Düften, Zärtlichkeiten und Überraschungen – über diese Aufbürdung will ich sprechen, damit wir der Kunst Sempruns gerecht werden und uns nicht vorschnell an ihr beruhigend verfreuen.

Noch vor jedem Wort, das Jorge Semprun schreibt, um das Sterben von Buchenwald auszudrücken – und am Ende kreist sein Schreiben immer um diesen Ort und um dessen Erfahrung, kehrt immer zu diesem Ort als negativem Ursprung zurück –, steht »der Tod im Präsens«, ein Tod, der nicht in Worte gefaßt oder erinnert zu werden braucht, sondern der im fortdauernden Sterben nach der Befreiung des Lagers seinen direkten Ausdruck findet. »Es ist der 12. April 1945, der Tag nach der Befreiung von Buchenwald. Die Geschichte ist also frisch. Es bedarf keiner besonderen Gedächtnisanstrengung. Auch keiner glaubwürdigen, überprüfbaren Dokumente. Der Tod steht noch im Präsens. Alles spielt sich vor unseren Augen ab, man braucht nur hinzuschauen. Sie sterben weiterhin . . . Der Tod im Präsens ist die erste Form der Symbolisierung des Todes von Buchenwald, der Tod im Präsens als Grundlage für eine das Vergehen von Zeit aufhalten wollende Rekonstruktion. Überlebende Häftlinge legen, wie zahllose, annähernd datierbare, scheinbar immergleiche Photos belegen, zumindest in den ersten beiden Wochen nach der Befreiung des Lagers unablässig Leichen im bretterverschlagenen Hof des Lagerkrematoriums und auf der offenen Plattform eines Anhängers zu Stapeln zusammen, wie sie im Augenblick der Befreiung des Lagers von den Häftlingen gefunden worden sind, weil Zeit und Kapazität der Krematoriumsöfen nicht ausreichten, alle Toten zu verbrennen. Diese Leichenstapel sind die erste Form des Lagergedächtnisses. Metonymisch, als pars pro toto, verweisen sie auf das hin, was das Lager war, und die, die es schufen und in Betrieb hielten, und sind doch zugleich weder Symbol noch Repräsentanz, noch visuelles Zeugnis, sondern immer und vor allem stumme Identität der Emordeten mit sich selbst und dem ihnen zugefügten Tod. In der kalten Sprache der Linguistik heißt das, diese Toten und ihr Tod sind selbstreferentiell, was nichts anderes bedeutet, als daß die Darstellung ihres Sterbens nicht über dieses Sterben hinauskommt, keinen Sinn erzeugt und dem, der darstellt, und dem, der schaut, keine Zuflucht gewährt. Was das bedeutet, läßt sich auch ablesen an einem Vorschlag des Buchenwaldhäftlings Ernst Thape für ein Denkmal auf dem Ettersberg. 1947 entwikkelt er, jeden überkommenen Denkmalsbegriff hinter sich lassend, den Vorschlag, man möge dort, auf dem Ettersberg inmitten des Gräberfeldes unterhalb des Bismarckturmes jedem Land, das Häftlinge in Buchenwald gehabt hat, erlauben, für seinen Gott einen Altar zu bauen. Anschließend aber möge man inmitten dieser Altäre einen großen Altar errichten, der dem »unbekannten Gott«, wie Thape sagt, gewidmet sein soll. In der entschlossenen Paradoxie dieses Vorschlages wird – wie im unablässigen Aufschichten der Leichen – historische Not deutlich, so groß und so umfassend wie niemals zuvor in der Geschichte.

Nach Rettendem zu schreien, nach Erbarmung und auch nach Erlösung, ist dem Menschen durch menschliches Handeln aufgezwungen in einer Weise, die keinen Vergleich kennt, und doch implodiert der Schrei, fällt auf sich selbst zurück, weil Gott – und das heißt nach unserem religiösen Verständnis immer zugleich auch der Mensch – sich in Buchenwald, sich in Auschwitz unkenntlich gemacht hat, sich unkenntlich geworden ist. »Je nun K:«, hält Arno Schmidt gegen 1953 auf einem Zettel seines Zet-

telkastens für »Seelandschaft mit Pocahontas«
fest, »wenn ohne den Willen des Herrn (angeb-
lich) kein Sperling vom Dache fallen kann, dann
wurden ohne ihn ja auch die 10 Millionen in den
KZ's nicht vergast (worden sein), der Herr
(müßte): der müßte schon eine merkwürdige
Type sein – wenn es ihn gäbe.«

Das Kenntlichwerden von absoluter Ungeborgenheit, von »tödlicher Singularität«, wie
Jorge Semprun einmal über den Kern seiner Existenz nach dem Überleben gesagt hat, absoluter
Ungeborgenheit im Leben wie in der Sprache,
wäre das erste und zugleich unaushaltbarste In-
diz dafür, daß die Darstellung der Lagererfahrung wahr und deren tiefster Kern kenntlich
wird. Arbeit an diesem Kenntlichwerden mit
den Mitteln der Sprache, das sei im Blick auf
vorschnelles Ver-Freuen warnend gesagt, heißt
aber nichts weniger, als Erinnerungsliteratur zu
verfertigen, sondern bedeutet, sich der Gefahr
auszusetzen, an der Verlassenheit zu vergehen,
die mit jedem Akt des Erinnerns klarer zu Tage
tritt. Nicht die Werke Jorge Sempruns sind in
dieser Hinsicht das Kostbarste, sondern sein
Sich-Aussetzen, dem sie gewidmet sind und
dem sie entspringen. Und genau an dieser Stelle,

das meine ich vom gerade Gesagten her und noch einmal topographisch, also: von Weimar, von dieser Bühne in Weimar her schließen sich Ritual und Form der Laudatio noch einmal kurz. Denn Buchenwald, Buchenwald-Weimar steht in dieser Sicht für einen Ort solcher Kälte und solchen Grauens, daß sonst rettendes, vielleicht sogar heilendes menschliches Vermögen in lebensbedrohenden Schmerz umschlägt. Was anders und genauer gesagt heißt: Erinnerung, sonst identitätsbewahrendes Rückblicken gegen das hastende, weltverändernde Fortschreiten der Zeit, ist von Buchenwald aus zu einer neuen, besonderen Form des Sterbens geworden: »Ich hatte Odiles Körper betrachtet, seine im Schlaf ermattete Schönheit, seine greifbaren Verheißungen: ein Glück, eine Art Glück, ich wußte es. Aber es war ein unnützes Wissen, das mir keinerlei Selbstvertrauen gab, mir keinen Ausweg zeigte. Alles würde von neuem beginnen nach dieser Art von Glück, diesen tausend winzigen und zerreißenden Glücksmomenten. Alles würde von neuem beginnen, solange ich am Leben wäre: vielmehr ins Leben zurückkehrte. Solange ich versucht wäre, zu schreiben. Niemals würde das Glück des Schreibens, das be-

gann ich zu ahnen, das Unglück des Gedächtnisses auslöschen. Ganz im Gegenteil: es schärf-
te, vertiefte, belebte es. Machte es unerträg-
lich.«

Beinahe möchte ich Ihnen vorschlagen, angesichts dieser Feststellung den Atem anzuhalten,
denn was könnte die »Qualität« der nationalso-
zialistischen Verbrechen deutlicher machen, als
daß in Weimar, Weimar-Buchenwald Erinnern
und Schreiben in Sterben umgeschlagen worden
sind. Zugleich könnte der verschlagene Atem
aber auch Ausdruck des Dankes dafür sein, daß
Jorge Semprun nach langen Jahren von – von
hier aus aufgezwungener, lebensrettender –
Amnesie den Versuch, erinnernd zu schreiben,
wiederaufgenommen und zu Ende geführt hat
und uns ein Beispiel gibt, wie wir an *unserem*
Vergessen, denn wir sind keine Überlebenden,
nicht zugrunde gehen, das heißt, uns als Mit-
menschen vergessen. Dieses Beispiel ernstzu-
nehmen – und noch einmal spreche ich gegen
das vorschnelle sich Ver-freuen an der Kunst
Jorge Sempruns – heißt dem radikal Bösen als
Möglichkeit menschlicher Freiheit und als Si-
gnatur von Geschichte nach Auschwitz ins
Auge zu blicken. »Das Wesentliche (der Lage-

rerfahrung) sage ich zu Leutnant Rosenfeld, ist
die Erfahrung des Bösen. Gewiß kann man diese
Erfahrung überall machen… Es braucht keine
Konzentrationslager, um das Böse kennenzu-
lernen. Aber hier wird sie entscheidend gewesen
sein, und massiv, sie wird alles überwuchert, alles verschlungen haben… Es ist die Erfahrung
des radikal Bösen«, schreibt Jorge Semprun,
und ich möchte mit Hannah Arendt hinzufügen: »In ihrem Bestreben, unter Beweis zu stellen, daß alles möglich ist, hat die totale Herrschaft, ohne es eigentlich zu wollen, entdeckt,
daß es ein radikal Böses wirklich gibt und daß es
in dem besteht, was Menschen weder bestrafen
noch vergeben können. Als das Unmögliche
möglich wurde, stellte sich heraus, das es iden-
tisch ist mit dem unbestrafbaren, unverzeih-
lichen radikal Bösen, das man weder verstehen
noch erklären kann durch die bösen Motive von
Eigennutz, Habgier, Neid, Machtgier, Ressen-
timent, Feigheit oder was es sonst noch geben
mag und demgegenüber daher alle menschli-
chen Reaktionen gleich machtlos sind; dies
konnte kein Zorn rächen, keine Liebe ertragen,
keine Freundschaft verzeihen, kein Gesetz bestrafen.«

Hannah Arendts Befund ist ebenso unerbittlich, wie die Lagererfahrung unerbittlich in See-
le und Leib Jorge Sempruns eingeschrieben ist,
und doch verwandelt sich sein Blick auf das Lager Buchenwald, Buchenwald bei Weimar – und
was läge biographisch gesehen ferner als das –
dieser Unerbittlichkeit nicht an. Indem er sie
durch den Tod hindurch ausspricht, wirft er sie
uns, die wir wenigstens in einem direkten Ver-
antwortungszusammenhang mit den Tätern ste-
hen, nicht vor, vielmehr teilt er sie mit uns,
indem er, der dies am allerwenigsten müßte, das
Befähigtsein, radikal böse zu handeln, auch sich
zuspricht: »Das Böse ist nicht das Unmensch-
liche, natürlich nicht... Oder es ist das Un-
menschliche im Menschen ... Die Unmenschlichkeit des Menschen als Lebensmöglichkeit,
als persönliches Projekt ... Als Freiheit ...
(...) Der Freiheit, in der die Menschlichkeit
und zugleich die Unmenschlichkeit des Menschen wurzeln...« Wer in letzter Konsequenz
so über das Erlittene spricht, macht sich voll-
kommen schutzlos. Nichts – und gerade in
Deutschland, das so lange aus dem Vergessen-
wollen gelebt hat und in dem gegenwärtig so viel
Normalität reklamiert wird – garantiert ihm,

daß ihm dieser Satz nicht um der eigenen Entlastung und um der Relativierung der eigenen Tat willen zurückgespielt wird: Kain bin ich zwar, aber Kain bist auch du, Bruder Abel, wie oft ist das in Deutschland gesagt worden.

Gleichwohl macht uns – und ich sage bewußt uns und meine alle in diesem Zusammenhang in diesem Wort liegenden Bedeutungen – Jorge Semprun mit dieser Schutzlosigkeit sein größtes Geschenk. Indem er sich schutzlos macht, setzt er uns potentiell als Menschen, die die Schutzlosigkeit nicht mißbrauchen, sondern verstehen als Angewiesensein des Menschen auf den Menschen als Mensch, setzt er uns potentiell als solche also, die die zerbrochene Brüderlichkeit zwischen – im Bösen wie im Guten – mit Gleichem begabten Menschenwesen aufs neue knüpfen und knüpfend als Wert setzen und erhalten. Solches Knüpfen wurzelt in wahrhaftiger, selbstverantworteter Erinnerung, die sich nicht delegieren läßt und die man nicht geschenkt bekommt, die aber in der Kunst Jorge Sempruns – und so darf und soll sie uns zur Freude werden – einen Anhaltspunkt findet. Schön ist nicht nur die Form des von Jorge Semprun geschaffenen literarischen Gedächtnisses.

Schön ist sein Werk erst recht als Geste: als Geste, die dem Schreibenden Verlassensein in Einsamkeit wandeln kann und die, weil sie schön ist, die Existenz eines anderen unterstellt, der die Geste brüderlich aufnimmt, das heißt, nicht weghört.

Ob wir diese Geste verdienen, ermißt sich nicht zuletzt daran, ob wir uns, ob Weimar – und das heißt am Ende auch Deutschland – sich nicht einmal mehr im Schlagschatten eines auf das Podest gestellten Dichters verkriecht. Ihnen aber, verehrter, lieber Jorge Semprun ist zu danken, daß Sie uns, daß Sie der Stadt Weimar – und daß Sie am Ende Deutschland –, indem Sie diesen Preis annehmen, die Chance geben, dies nicht, ein für alle Mal nicht mehr zu tun.

Ad personam:
Jorge Semprun

1923	geboren am 10. Dezember in Madrid
1937	während des Spanischen Bürgerkriegs Übersiedlung der Familie ins Exil nach Paris
	Schulbesuch und Studium der Philosophie an der Sorbonne
1941	Semprun schließt sich der kommunistischen Résistance-Organisation »Francs-Tireurs et Partisans« an
1942	Eintritt in die KP Spaniens
1943	von der deutschen Gestapo verhaftet, Deportation in das KZ Buchenwald
1945	Rückkehr nach Paris, bis 1952 Übersetzer bei der UNESCO
ab 1953	koordinierte er im Auftrag und später als Mitglied des ZK und Politbüros der spanischen Exil-KP den Widerstand gegen das Franco-Regime
1957-1962	leitete er unter dem Decknamen Federico Sánchez im Franco-Spanien die KP-Untergrundarbeit
1964	Ausschluß aus der Partei wegen Abweichung von der Parteilinie

seit 1964	freier Schriftsteller in Paris
1987	Fellow am Wissenschaftskolleg zu Berlin
1988-1991	spanischer Kulturminister
1994	Friedenspreis des Deutschen Buchhandels
1995	Weimar-Preis der Stadt Weimar

»Ein wunderbares wahres Lebensbuch...«
Die Zeit

Stimmen zu Jorge Sempruns
Schreiben oder Leben

»*Schreiben oder Leben* ist Sempruns persönlichstes und eindrucksvollstes Buch geworden. Wenn die unzähligen Gedenkreden und Mahnappelle dieses Jahres längst vergessen sein werden ... wird man dieses Buch immer noch lesen, atemlos, gebannt und voller Bewunderung.

Schreiben oder Leben bildet den Schlüssel zum Schriftsteller Jorge Semprun. Kaum jemand hat so überzeugend über die Totalitarismen dieses Jahrhunderts schreiben können wie Semprun, der zu einem der großen europäischen Intellektuellen wurde. In diesem Buch läßt er uns Einblick nehmen in den Kern seines Werks, die Wahl der Freiheit aus der Brüderlichkeit des Todes.« *Frankfurter Allgemeine Zeitung*

»So präzise, wie er darin berichtet, was er erlebt und gefühlt hat, so gewiß ist sein Buch aber auch ein Kunstwerk, eben weil es ohne jeden falschen Zungenschlag die Wahrheit sagt. ... Solche Bücher sind selten.« *MDR Kultur aktuell*

»Sempruns kollektives Gedächtnis bleibt uns Deutschen ein wichtiger, ein kostbarer Schatz.« *WDR*

»*Schreiben oder Leben* ist seit Primo Levis Schilderung ... das beeindruckendste literarische Zeugnis einer Rückkehr aus dem KZ ins Leben, das auf immer von den Erfahrungen des Lagers gezeichnet sein wird. Das französische Literaturmagazin *Lire* hat Sempruns neustes Buch, das unmittelbar nach seinem Erscheinen in Frankreich mehr als 150 000mal verkauft und mittlerweile in acht Sprachen übersetzt wurde, zum *Besten Buch des Jahres* gewählt, wahrscheinlich ist es auch eines der wichtigsten.« *Wiener Zeitung*

»Erlebnisbericht, philosophische Analyse und moralische Reflexion in der Tradition der großen französischen Moralisten der Aufklärung, all das und noch vieles mehr ist Jorge Sempruns neues Buch der vergegenwärtigenden Erinnerungen. Er hat lange gebraucht, bis er sich ihnen stellen konnte, sie nicht mehr verdrängen mußte, wenn sie ihn hinterrücks überfielen. ... Der Titel des bei Suhrkamp erschienenen Buches zeigt die ebenso tragische wie trügerische Alternative, vor der Semprun nach der Befreiung aus dem KZ stand. Schon als Achtzehnjähriger hatte er sich als Poet und Schriftsteller verstanden, das

Schreiben sollte sein Leben werden. Und dann, als er sein Thema schließlich gefunden hatte, hätte es ihn eben dieses Leben gekostet, wäre es der Tod gewesen, den er glaubte, hinter sich gelassen zu haben. ... Man kann – mit dieser großartigen und weitausgreifenden Confessio als Hilfe – nur versuchen zu verstehen, was unbegreifbar ist.« *Die Welt*

Jorge Semprun

Schreiben oder Leben

Aus dem Französischen
von Eva Moldenhauer
367 Seiten. Gebunden.
DM 44,–/öS 343,–/sFr. 44,–

*Jorge Semprúns Werk
im Suhrkamp Verlag:*

Der weiße Berg

Algarabía oder Die neuen Geheimnisse von Paris

Der zweite Tod des Ramón Mercader

Yves Montand. Das Leben geht weiter

Federico Sánches verabschiedet sich

Die große Reise

Was für ein schöner Sonntag!

Schreiben oder Leben